El manto de mi Padre

Todavía no tienes muchos padres *espirituales…*

(Para pastores y líderes)

Dr. Ángel L. Núñez

Leo + Lee.
Que este Libro Sea de
gran bendición para ustedes
Rev. ...

El manto de mi Padre por Ángel L. Núñez
Publicado por Publicaciones Casa
Una compañía de Strang Communications
600 Rinehart Road
Lake Mary, Florida 32746
www.casacreacion.com

A menos que se indique lo contrario, todos los textos bíblicos
han sido tomados de la versión Reina-Valera, de la *Santa Biblia*,
revisión 1960. Usado con permiso.

Originally published in English under the title:
My Father's Mantle
Copyright © 2008 by Dr. Ángel L. Núñez
Published by Dr. Ángel L. Núñez Ministries
Baltimore, MD 21205

Traducido por: Jessy Hernández
Editado por: Gisela Sawin
Diseño interior por: Dimitreus Castro

Library of Congress Control Number: 2008940173
ISBN: 978-1-59979-449-5

Impreso en los Estados Unidos de América
08 09 10 11 12 * 5 4 3 2 1

El manto de mi Padre

Dr. Ángel L. Núñez

PUBLICACIONES
CASA
A STRANG COMPANY

El manto de mi padre

CONTENIDO

RECONOCIMIENTO Y DEDICATORIA

Durante los años que he estado en ministerio, he dado a luz muchos hijos en el Señor. He tratado de modelar disciplina, carácter y estructura, en lugar de fama y fortuna. No ha sido fácil, porque el ministerio se ha vuelto Hollywood, en lugar de «holy» «Word» (Madero Santo), y ellos han sido tentados a imitar el encanto y la luz del mundo. Por lo tanto, se dificulta seguir esa vieja y áspera cruz.

A pesar de eso, muchos de mis hijos son ahora grandes predicadores y líderes en el Reino. Soy un padre muy orgulloso, y oro para que ellos se vuelvan todo lo que el Señor quiere que sean. Aun así, también he saboreado la amargura de la píldora llamada traición de parte de aquellos que tanto he amado. Mi corazón ha sido quebrantado muchas veces. Sin embargo, no puedo comparar mi sufrimiento al de mi Señor y Salvador Jesucristo. Esto sé con seguridad: El amor todo lo sufre, y debo amarlos y esperar que un día vuelvan a casa, aunque sea de visita. También debo restaurar y sanar a aquéllos que han sido quebrantados por sus propios padres y que fueron usados y abusados por ellos.

Por eso, he escrito este libro y lo dedico a todos los hijos que están o han estado en el ministerio, y a mis hijos naturales: Venus, Gina, Ángela, Israel e Isaac —ellos son la cuarta generación, hijos de predicadores— y oro para que continúen el legado que Dios ha establecido. Espero que este libro les brinde entendimiento sobre la dinámica de la relación de padre e hijos.

También quiero darle gracias a Jessy Hernández, mi hija, por ayudarme a traducir este libro al español.

Finalmente, después de agradecer a Dios por todo, dedico esta obra a mi esposa, Deborah, quien me enseñó cómo ser un padre para mis hijos naturales cuando no tuve un modelo para seguir. Ella comprendió que, habiendo vivido en las calles no pude aprender a serlo, y me aceptó sin criticarme ni humillarme frente a mis hijos. ¡Agradezco a Dios por ti… todos los días!

PRÓLOGO

Por Obispo John R. Stout

Como padre de tres hijos, cuyas edades son ahora 26, 24, y 21, y abuelo de una preciosa niñita de casi 3 años, y habiendo llegado a los 50, estoy en posición de decir algunas cosas que no podría haber dicho cuando tenía 20 o 30 años de edad. Uno de los principios de la vida y la experiencia me han enseñado que uno no puede dar lo que no tiene. Tampoco puedes llevar a alguien donde nunca has ido. Aquellos inmaduros y fuera de época, prematuramente, se esfuerzan en hacerlo. Tú no puedes ser un padre, a menos que hayas tenido uno.

La afirmación de un padre es mucho más importante para un hijo que cualquier otra cosa. Los padres siempre anhelan que sus hijos los superen en alcanzar triunfos; y, como padres, siempre dicen lo que necesitas escuchar y no lo que quieres oír. En mi estimación, el pastor Ángel Núñez no solamente excede como padre natural a sus hijos, sino también como padre espiritual, para ellos y para el cuerpo de Cristo.

El manto de mi Padre debe ser leído por todos los líderes del ministerio. Ya era tiempo de que alguien nos escriba y nos diga la realidad y no lo que pareciera ser. No sé de otro que esté más calificado para hacerlo que mi amigo de pacto, Dr. Ángel Luis Núñez: Su carácter es comprobado, y su integridad impecable. Lo he observado en época de crisis y lo estoy haciendo en etapa de incremento. Muchas cosas han cambiado alrededor de él, incluyendo nombres y rostros. Pero algo está igual, y es que él es un verdadero padre en el Señor, que sostiene el manto para la próxima generación de padres.

Obispo John Stout
Christ Cornerstone International Church
Mount Clare, West Virginia

INTRODUCCIÓN

Durante los últimos treinta años he viajado alrededor del mundo hablando a multitudes de personas, ministrándoles y orando por sus necesidades. A través de mi experiencia comprobé este hecho indiscutible: «Nuestros hogares, nuestra vida, nuestro futuro, todo ha sido amenazado por el simple hecho de que somos una sociedad que ha carecido de padres».

Tiger Woods es considerado por muchos como el mejor golfista de hoy. Cuando su padre falleció, en medio de su quebranto hizo la siguiente declaración: «Mi amigo, mi mentor, mi animador se ha ido, y todo lo que ahora soy se lo debo a él».

Por otra parte, he encontrado un sinnúmero de prostitutas, criminales y toda clase de gente destruida, llena de ira, que expresaba que su situación actual se debía al dolor causado por sus propios padres.

Yo no me considero una persona autorizada en cuanto al tema de la paternidad, ya que mi padre abandonó a mi madre antes de que yo naciera. Me tomó treinta y dos años encontrarlo. Ya era un hombre, y mi resentimiento hacia él había sido secado por el poder del Espíritu Santo.

Mientras me convertía en padre tuve que aprender a serlo, puesto que no tuve un modelo para seguir. Agradezco a Dios por haber puesto en mi vida personas como el Rev. Jesús Muñiz y el Rev. Emilio Martínez para ayudarme en mi caminar. Aun así, mi corazón se quebrantó cuando encontré muchos otros hombres que tuvieron que enfrentar los mismos retos que yo, y no recibieron ayuda de nadie ante esta inmensa responsabilidad.

Lo irónico de todo esto es que yo tuve que ser padre para aquellos que no lo tuvieron, natural ni espiritualmente. La realidad es que hoy tenemos una generación de varones que no saben lo que significa ser hombre y, mucho menos, padre. Ellos, por no haber tenido a su padre en el hogar han crecido con muchas limitaciones, que se reflejaron en sus relaciones con sus esposas e hijos. Aun peor, otros niegan su masculinidad, y esto los lleva a un estilo de vida homosexual que ha destruido un sinnúmero de personas.

No me importa lo que la gente diga. Cada familia necesita un padre en casa. Necesitamos padres que ayuden, que guíen, que confronten y corrijan; que nos enseñen a guiar con amor y firmeza, a tomar decisiones y a mantenernos firmes en ellas. Necesitamos impartición práctica de hombres cristianos que puedan guiarnos en los principios del Reino. Tenemos muchos maestros; necesitamos padres espirituales desesperadamente.

Ahora bien, esto no se refiere solamente a la paternidad natural, sino también a la espiritual. Tenemos muchos hijos en el ministerio que no tienen el legado espiritual de sus padres. Ellos fueron dados a luz por hombres cristianos, pero se encontraron a sí mismos solos en el ministerio, sin nadie que hablase a sus vidas con dirección o disciplina.

Son huérfanos que por alguna razón terminaron de esta manera, y ahora son incapaces de producir renuevos prósperos porque ellos no tuvieron un padre en casa que les enseñase, por lo cual tampoco pueden producir y mantener una familia saludable. Porque todos sabemos que un padre no es el que engendra, sino el que educa en la vida, hasta la muerte.

Debido a la destrucción de la familia tradicional (en sentido natural y espiritual), ahora tenemos familias disfuncionales, sumergidas en prácticas, división y rivalidad.

No hay padre que traiga corrección o disciplina, por lo tanto los hijos corren salvajes, haciendo lo que les place hasta que se hieren. Las heridas causan dolor, y la rebelión es concebida mientras culpan a sus padres por su sufrimiento.

El propósito de este libro es traer un entendimiento básico sobre la relación espiritual entre un padre y sus hijos. Tiene que ver con el ministerio, y no está dirigido a la familia natural, a pesar de que una traspasa a la otra. Es un intercambio entre un padre y su hijo.

En algunos capítulos discutiré la posición del padre, y en otros, la de los hijos. Mi plataforma es la de un padre espiritual, cuyo deseo es que sus hijos hereden el reino que ha sido preparado para ellos. La visión que el Señor me ha dado como padre debe ahora trascender de mí hacia ellos, y continuar hacia adelante.

Si yo trabajo muchos años en el ministerio y construyo una casa poderosa de adoración para mi Dios, y no tengo hijo que herede tal visión, en vano he trabajado, pues tan pronto el Señor me llame a casa, mi visión morirá porque no tengo a nadie que cargue el sueño. ¡Cuántas veces hemos visto poderosos ministerios levantarse e impactar la nación, solamente para morir después que su líder carismático ha fallecido!

Yo oro para que después que hayas leído este libro tu corazón se vuelva hacia tus hijos, y el de tus hijos a ti. Pero una cosa debe ser absolutamente clara: «Para que yo pueda alcanzar mi destino, necesito el manto de mi padre».

Capítulo 1
El manto de mi padre

«Pero también digo: entre tanto que el heredero es niño,
en nada difiere del esclavo, aunque es señor de todo;
sino que está bajo tutores y cuidadores hasta el tiempo
señalado por el padre» (Gálatas 4:1-2).

Ningún hijo camina solo, porque ningún hijo real tiene
un espíritu independiente. Ningún hijo verdadero deja
su hogar, pues sabe que en él tiene su herencia. Sólo un
esclavo huye de su casa para buscar su libertad y planificar
su vida. Solamente esta ahí esperando una oportunidad
para escapar. Todo lo que ve y hace es a través de los ojos
de un esclavo.

Algunos hijos simplemente no entienden que mientras ellos
son niños, no habrá diferencia entre los esclavos y ellos.
Necesitan ser instruidos hasta que sean capaces de recibir
el manto del padre, y ése es un proceso que lleva tiempo.

«Y por cuanto sois hijos, Dios envió a vuestros corazones
el Espíritu de su Hijo, el cual clama: ¡Abba Padre!

Así que ya no eres esclavo, sino hijo; y si hijo, también heredero de Dios por medio de Cristo» (Gálatas 4:6-7).

Dios el Padre envió a su hijo Jesús para enseñarnos a ser hijos. Él fue modelo de sumisión a su Padre hasta la muerte. En todas sus tentaciones, en todas sus tribulaciones, nunca, ni siquiera una vez, se quejó de su Padre. Le tomó treinta años esperar el tiempo que el Padre había establecido, ese momento en el que sería liberado para ministrar, y después, solamente lo hizo por tres cortos años.

Su ministerio y su mensaje fueron que el Reino de Dios estaba a la mano, y que era su deseo que todos los hombres volvieran su corazón al Padre. Éste fue el ministerio que nos dio, y éste es el Espíritu (el Espíritu del Hijo) que ha sido puesto en nuestro corazón.

No hay tal cosa como «mi ministerio». Todos somos llamados a continuar el del Hijo de Dios, Jesucristo, pasado de generación a generación, de padres a hijos. Y eso debe seguir.

Muchos hijos están en ministerio hoy sin el manto de su

padre. Ellos quizás hayan hecho y sigan haciendo algunas cosas buenas, pero mientras no haya reconciliación y sanidad, operan fuera de la perfecta voluntad de Dios.

Por eso debes recordar que, a pesar de las faltas y limitaciones de tu padre, todavía eres su hijo y no tienes derecho de levantarte contra él, no importa cuán injusto haya sido. Todavía tienes un Padre Celestial que aún está en su trono y controla todo lo que se mueve y respira en el mundo. Actuar en contra de tu padre natural o espiritual implica que desconfías de tu Padre Celestial.

Puesto que Dios está en control, él determina el tiempo y el lugar donde tú recibirás tu manto, como claramente podemos ver en el caso de Elías y Eliseo.

«Viéndolo Eliseo, clamaba: ¡Padre mío, Padre mío, carro de Israel y su gente de a caballo! Y nunca más le vio; y tomando sus vestidos, los rompió en dos partes. Alzó luego el manto de Elías que se le había caído, y volvió, y se paró a la orilla del Jordán, y tomando el manto de Elías que se le había caído, golpeó las aguas y dijo: ¿Dónde está Jehová, el Dios de Elías?» (2 Reyes 2:12-14).

19

No fue hasta que Elías fue tomado que podemos entender la verdadera relación entre ellos, pues cuando Eliseo clamó: «¡Padre mío, Padre mío!», recibió el manto. Su llanto trajo reconocimiento de paternidad, lo cual es vital para el recibimiento del ministerio, pues demuestra que reconoces la autoridad de tu padre sobre tu vida, y eso implica que estás bajo autoridad, por lo cual ahora puedes recibirla.

Esta época de caminar juntos es un tiempo muy delicado en la vida de quien recibe el manto. Eliseo estaba lleno de ansiedad y tenía deseo de continuar, pero Elías seguía su viaje de ciudad en ciudad. El joven profeta debió esperar el tiempo justo; aun cuando era su tiempo, el momento todavía no era el adecuado. Así, tuvo frustración y fue tentado a actuar para adelantarse a sí mismo, y por lo tanto, fallar en la prueba final que lo lanzaría hacia su destino.

Debe haber un claro entendimiento de que el ministerio no puede ser impartido, a menos que venga del padre. Cuando tratas de buscar por tus medios te vuelves un fracasado. La bendición debe ser otorgada por el padre. Jacob sabía esto, por eso buscó la del suyo, Isaac. Él no podía tomar su lugar en la historia, a menos que lo hubiera recibido de su padre.

El tiempo llega cuando el padre debe bendecir a sus hijos (Génesis 27:4). Él no puede retener o negarle por mucho tiempo lo que le pertenece. Algunas veces esto tiene que suceder en el lecho de muerte, por su propia obstinación. Pero debes entender que tu herencia no viene de los recursos que tu padre pueda darte, sino de la relación que viene con la intimidad. Dios el Padre no está interesado en lo que él puede darte para que seas un gran guerrero en su Reino, sino en tener una relación íntima contigo, como Padre e hijo.

La Biblia dice que el Espíritu de Elías volverá el corazón de los padres hacia los hijos (Malaquías 4:5-6), porque la restauración debe ser iniciada por el padre. Todo debe empezar con el padre, porque él es el papá. Esa responsabilidad suya consiste en ir en busca de su hijo y traerlo de nuevo.

Muchos padres retrasaron el darles a sus hijos el manto. Retuvieron la bendición porque sus corazones se enfriaron hacia sus hijos que eran rebeldes, inseguros e inmaduros. Ellos razonan que tal legado no puede ser heredado o dado a alguien que es incapaz de sostenerlo.

Sin embargo, cuando los padres se acercan a los hijos, Dios establece (Malaquías 4:6) que el corazón de éstos se vuelva hacia los padres, y que la restauración e impartición puedan verdaderamente tomar su lugar.
Dios promete que él traerá a Elías con un mensaje de arrepentimiento seguido de señales y maravillas para convencer a los hijos de que él los ama, a pesar de sus rebeliones.

Este acto de amor creará un proceso de sanidad en toda la familia, ocasionando un avivamiento y la venida del Mesías, por lo tanto, traerá cumplimiento de la palabra profética de Dios.

Yo creo que estas acciones deben empezar a ser manifiestas primero en lo natural, y posteriormente en lo espiritual. Como padres, debemos acercarnos a nuestros hijos naturales y espirituales, y causar así una verdadera reparación.

Como ves, es Dios el Padre restaurando su relación con sus hijos, y también los padres en el Reino de Dios, haciendo lo mismo y despertando de este modo un verdadero avivamiento que acompañe el retorno del Mesías. De nuevo, digo: Primero debe suceder en lo natural y después sucederá en lo espiritual.

El plan del diablo ha sido destruir a los padres. Hoy en día tenemos millones de muchachos que han crecido sin un padre. Carecen de identidad y no saben el significado de ser un hombre. Otros han tenido padres que los han herido y abusado, destruyendo así sus esperanzas y sus sueños. Personas heridas hieren a otras.

Pocos tienen una relación con sus padres naturales, y aún menos, la tienen con su Padre Celestial. La idea de una relación con el Padre Celestial es muy incómoda para muchos, debido a las experiencias pasadas con sus padres naturales. Sin embargo, Dios ha prometido que volverá el corazón de los padres hacia sus hijos.

Madres no pueden ser padres, y la homosexualidad no puede reemplazar lo que Dios ha establecido: Un padre y una madre en el hogar. Divorcio y matrimonios quebrantados son el fruto de una sociedad herida que ha decidido crear su propia verdad. Pero la verdad de Dios prevalecerá ante la prueba de la rebelión. La verdad de Dios es absoluta y no puede ser cambiada, no importa lo que la ciencia del hombre trate de decir.

En conclusión, me gustaría decir que la paz de Dios que sobrepasa todo entendimiento invada nuestros corazones, mientras aceptamos el hecho de que somos hijos llamados para esta época, que esperamos el tiempo justo para tomar el manto y cumplir nuestro destino.

Aún pido en oración: «Señor, enséñanos a esperar en ti mientras el final se acerca; ayúdanos a no adelantarnos a nosotros mismos por lo que vemos o nos sucede; no permitas que nuestro corazón que está lleno de tanta pasión nos engañe para actuar basados en lo que sentimos, porque el tiempo se acaba, y nosotros solo estamos sentados, esperando».

Capítulo 2
La demanda de mi hijo

«También dijo: Un hombre tenía dos hijos; y el menor de ellos dijo a su padre: Padre, dame la parte de los bienes que me corresponde; y les repartió los bienes» (Lucas 15:11-12).

La historia comienza con el hijo menor que se acerca a su padre en demanda de su herencia. En esos días (y todavía hoy) un hijo no recibía su herencia a menos que su padre hubiera fallecido, así que lo que en verdad el hijo estaba diciendo era: «Desearía que estuvieras muerto».

Obviamente, algo había sucedido durante el tiempo en que era un niño, hasta que se había convertido en un hombre adulto, pues cuando un niño es pequeño, su padre es un héroe, y nada de lo que hace es cuestionado. El niño acepta la palabra del padre como algo establecido. Está orgulloso de su papi, y todo el mundo debe saber que es el hombre más fuerte y poderoso del planeta.

Pero mientras el tiempo pasa y él va creciendo, descubre la humanidad de su padre, es testigo de sus fallas y limitaciones. Entonces el hijo comienza a tener su propio razonamiento, y la relación es lastimada, mientras él se aleja de la mano autoritativa de su padre. Pronto empieza a tomar decisiones por sí mismo y a hablar con otras personas, fuera de la unidad familiar. No ha pasado mucho, cuando siente que su padre es injusto y abusivo. A pesar de que todavía no tiene la fuerza interior para confrontar a su padre, siente que un día lo discutirá y aun se irá de su casa.

Ese día finalmente llega, cuando el hijo decide que es suficiente y se revela contra su papá. Tiene un millón de razones por las cuales irse: La manera en que su padre lo trata, las oportunidades que fueron perdidas, y su mentalidad es: «Él me quiere aquí para su propio beneficio y placer. Me está reteniendo, y no lo toleraré más».

Finalmente, se arma de valor y viene a su padre a demandar su herencia. La reacción de éste es impresionante, porque simplemente le da al joven rebelde lo que quiere y no trata de convencerlo para que cambie de opinión.

La herencia que él demanda no viene de sí mismo. De hecho, venía del padre. Todo en ese joven había venido de aquél. Eso mismo es verdad en nuestros hijos: Su herencia, nuestra unción, no viene de ellos, sino de nosotros. Su ADN viene de los pulmones de nosotros, sus padres espirituales. Sin embargo, muchos piensan que por derecho pueden tener nuestro manto, nuestra unción, simplemente porque salieron de nosotros.

Consideran que llegaron a su culminación, que los padres no tienen nada más que impartirles. Sienten que deben dejar la cobertura que ha sido ordenada sobre ellos y se lanzan a un ministerio, cuya raíz es autojustificación y autogratificación.

«No muchos días después, juntándolo todo el hijo menor, se fue lejos a una provincia apartada; y allí desperdició sus bienes viviendo perdidamente» (Lucas 15:13).

Ellos toman nuestra unción y la desperdician en prostitutas. Siembran su semilla en vasijas que se venden al mejor postor, o todo el tiempo justifican su comportamiento diciendo que sienten estar haciendo lo correcto, ya que se sienten bien haciendo algo que nunca antes habían hecho. Resaltan las grandes fiestas espirituales que están teniendo, la respuesta de los que asisten y las profecías pronunciadas en una borrachera.

Después complican el asunto mientras se comunican con sus hermanos y les cuentan el gran mover de Dios en el lugar donde se encuentran. Por lo tanto, imparten en ellos el mismo espíritu que hay en sus propios corazones: La rebelión fomenta rebelión, y ahora tenemos una generación de ministros que solo buscan a Dios para su propio beneficio o fama, y vienen al altar pidiendo en vez de dar.

Ellos no cumplen su pacto con Dios porque quieren disponer de su tiempo y planificar sus actividades. Ministran en la iglesia pensando en que es algo temporal, un escalón más para obtener su promoción. No hay amor por la asignación inmediata o por las ovejas a quienes ellos alimentan. Están ahí esperando por el siguiente paso que los lanzará a la fama. Ellos aprovechan sus regalos y perfeccionan sus talentos, no por el nombre del Señor, sino por sí mismos.

¿Dónde están los hombres y mujeres que claman delante del altar de Dios, pidiendo que los use como a él le plazca, como él quiera? Verdaderamente hemos abandonado nuestro llamado por el llamado del mundo. Y lo podemos ver en los ojos de aquellos que han confundido su unción como algo que ha nacido en ellos.

Todos buscan su propia manera, lo que parece bueno a sus ojos. Nuestras ciudades están llenas de iglesias que han sido separadas unas de las otras; ni siquiera pueden reunirse los pastores en una misma habitación por temor a que se inicie una pelea. Hay músicos que no se quedan mucho tiempo en una iglesia, y la mayoría de los pastores de jóvenes no duran más de dos años en una localidad.

Ahora bien, yo sé que no todo tiene que ver con rebelión. Algunas veces es por el abuso de los pastores principales. Pero somos establecidos por Dios en una casa para ministrar, para cumplir la visión, y Dios no cambia de mente cada dos años. Él no permite que quebrantemos el pacto que hemos hecho porque las cosas salen mal.

¿Cuántos hijos aparecen en nuestras oficinas para anunciar

que «Dios» les dijo que es tiempo de moverse? Ni siquiera te dan dos semanas de aviso, solamente saltan de arriba abajo, mientras te presentan todas las profecías que han recibido de aquellos profetas a quienes ellos fueron.

Lo increíble de todo esto es que Dios mismo olvidó decírnoslo, Dios quebrantó su propia Palabra y se olvidó de hablar a la persona que él específicamente había establecido como cobertura y padre espiritual. ¿Tienes idea de cuán necio es esto? Dios nunca opera fuera de su propio carácter. El orgullo tiene una manera rara de esconderse en nuestras vidas: Todo el mundo lo ve, excepto nosotros mismos.

«Y cuando todo lo hubo malgastado, vino una gran hambre en aquella provincia, y comenzó a faltarle» (Lucas 15:14).

Es interesante notar que el hambre no llegó hasta que el hijo había malgastado su herencia. El diablo permitirá que malgastes tu unción en cosas que te hagan sentir bien y espera hasta que se te ha ido todo, antes de venir a destruirte. Mi obispo siempre me dijo: «El tiempo lo dirá». Y con toda seguridad, después de festejar y luego de la llamada libertad que trae la rebelión, el pródigo se encuentra a sí mismo en necesidad. Se da cuenta de que ya no tiene la unción que necesita.

Sansón jugó el mismo juego mientras besaba y sostenía en sus brazos a Dalila. Él dijo mentiras en relación a sus fuerzas, creyendo que el poder que estaba dentro suyo nunca lo dejaría. Pero un día despertó para darse cuenta de que el Espíritu del Señor (su Padre) lo había abandonado. Se encontró en necesidad, pero no pudo clamar al Señor pues interiormente él sabía que había abusado de la gracia y de la misericordia que le habían sido dadas.

Estaba indefenso, y puesto que sus ojos le habían permitido ver la vanidad que deseaba, le fueron sacados en profunda humillación (Jueces 13:14).

«Y fue y se arrimó a uno de los ciudadanos de aquella tierra, el cual le envió a su hacienda para que apacentase cerdos» (Lucas 15:15).

¡Es asombroso cuán resistentes son las personas con

talento! Había encontrado una solución a su necesidad sin tener que regresar a su padre y humillarse a sí mismo. Prefirió entrar en pacto con alguien a quien no conocía antes que hacerse responsable de sus actos. De esa manera podía culpar al diablo por aquella situación. Sus acciones muestran que todavía estaba tratando de justificarse a sí mismo. Verdaderamente había perdido su visión. ¿Por qué? ¿Cómo puede un hombre ser tan ciego?

Me parece interesante que hiciera un pacto «con un ciudadano de aquel país». Nótese que no era un ministerio mayor o de renombre internacional, sino simplemente un ciudadano, un hombre que lo degradó y usó para su propio beneficio sin preocuparse por su salud ni por su seguridad, y que no conocía su pasado ni la inversión que su padre había hecho en él. Lo envió a alimentar los cerdos. Cuando tú no valoras a tu padre estarás destinado a ser abusado y deshonrado por alguien que no te valora a ti: «Lo que siembras es lo que cosecharás».

«Y deseaba llenar su vientre de las algarrobas que comían los cerdos, pero nadie le daba» (Lucas 15-16).

La realidad finalmente se hace sentir, y el hijo se encuentra completamente vacío. Estaba tan hambriento que aceptaba comer lo mismo que los cerdos. ¡Pero nadie le daba nada! A nadie le importó lo suficiente para impartir verdadero alimento en su alma, él había completado el círculo y ahora se daba cuenta de que había desperdiciado su tiempo. Vio su ignorancia y la torpeza de su esfuerzo. Tuvo que tocar fondo, llegar a la situación de no tener a nadie, sino un puñado de cerdos por compañía.

El infierno lo había engañado, pero aún había un llamado sobre su vida. Dios todavía tenía un propósito y un destino para él. Si tan solo pudiera girar, enterrar su orgullo y desatar la gracia de Dios sobre su vida podría vivir de nuevo.

«Y volviendo en sí, dijo: ¡Cuántos jornaleros en casa de mi padre tienen abundancia de pan, y yo aquí perezco de hambre! Me levantaré e iré a mi padre, y le diré: Padre, he pecado contra el cielo y contra ti. Ya no soy digno de ser llamado tu hijo; hazme como a uno de tus jornaleros» (Lucas 15:17-19).

El hijo se vio obligado a volver a la razón. Sus ojos fueron abiertos, y mientras razonaba vio la verdad de su padre: No era perfecto, probablemente había cometido muchos errores, pero no solamente cuidó de su familia sino de todos a su alrededor. Me recuerda a mi padre espiritual, que el año pasado partió para estar con el Señor. Solía gritarme, corregirme frente a la gente, y a veces demandaba de mí tanto que me parecía muy injusto; pero soy lo que soy gracias a él. Aunque solamente tenía cuarto grado de educación, me enseñó integridad, carácter y disciplina, y por ello estoy eternamente agradecido. Gracias a él aprendí cómo tocar el trono de Dios y a orar de tal modo que su mano se mueva a mi favor. Vi fe, fe sobrenatural revelarse frente a mis ojos, y supe entonces como ahora, que **Dios usa vasos imperfectos para cumplir su perfecta voluntad.** *«Y levantándose, vino a su padre»* (Lucas 15:20).

La acción debe tomar el lugar de las palabras, porque ellas no son suficientes cuando el destino está por revelarse. Muchas personas hablan de lo que harían, sin embargo nunca se levantan y lo hacen. Muchos sueños morirán en el basurero de las palabras que nunca produjeron acción.

Pero este joven encontró en sí mismo una semilla de fe que lo movió a enfrentar sus temores y empezó su larga jornada de regreso a casa. Estoy seguro de que la tentación de intentar algo más pasó por su mente. El pensamiento de rechazo y los comentarios de la gente pesaban grandemente sobre su corazón. Sin embargo, lo apartó todo con cada paso que dio.

No es fácil regresar al lugar donde fallaste. Si no me crees, pregúntale a Pedro (Juan 21:4-8). Él había estado pescando toda la noche sin éxito, y cuando se dio cuenta de que era el Señor el que les hablaba desde la orilla, saltó de la barca y fue hacia Él. Jesús estaba esperándolo junto al fuego.

También junto al fuego Pedro lo había negado, había maldecido y jurado que nunca había conocido a ese hombre. Jesús lo llevó junto al fuego, al lugar donde él había fallado, para que él pudiera empezar de nuevo, y esta vez en amor con él.

«Y levantándose vino a su padre, y cuando aún estaba lejos, lo vio su padre, y fue movido a misericordia, y corrió, y se echó sobre su cuello, y le besó» (Lucas 15:20).

Esto es verdaderamente asombroso, pues la pregunta es: «¿Cómo supo que era su hijo?». Tenía que haber algo en su caminar que hizo a su padre decir: ¡Ese es mi hijo!

Algo en el ADN del muchacho clamó al padre. Yo digo que si la sangre de Abel, que estaba muerto, fue capaz de clamar a su Padre Celestial, entonces el palpitar del corazón de aquel hijo vivo podía gritar a su papá. ¡Padre mío, te necesito!

Sin embargo, ¿cómo pudo verlo? Fue porque lo estaba esperando y no se rindió, pensaba que algún día su hijo regresaría a él. El corazón del padre había sido preparado para misericordia, y mientras el veía a su hijo su corazón fue lleno de compasión. Compasión y misericordia caminan juntos, son atributos del Padre Celestial depositados en los corazones frágiles de un padre natural que corre hacia su hijo.

Olvida el protocolo, el vestuario y las explicaciones para la gente. ¡Mi hijo está aquí! Y mientras lo alcanza, extiende sus brazos a su alrededor y lo besa. **El beso de un padre en el corazón quebrantado despertará el**

lazo sanguíneo entre ellos, restaurará aquello que fue severamente dañado, y la vida comenzará de nuevo a cumplir su propósito.

«Y el hijo le dijo: Padre, he pecado contra el cielo y contra ti, y ya no soy digno de ser llamado tu hijo» (Lucas 15:21).

La confesión es buena para el alma, pues no es suficiente sólo regresar a casa y ser recibido por el padre. Debe haber un reconocimiento del pecado y una verdadera restauración. No es suficiente decir «lo siento». Debe haber un genuino arrepentimiento para que Dios pueda ser glorificado.

El hijo admite que no sólo ha pecado contra el padre natural, sino también, contra el Padre Celestial. Entiende que Dios es un Dios de orden, y que cuando delega autoridad, el que la viola peca directamente contra él. El hijo no estaba peleando contra su padre natural, sino contra los cielos mismos.

«Pero el padre dijo a sus siervos: sacad el mejor vestido, y vestidle; y poned un anillo en su mano, y calzado en

sus pies. Y traed el becerro gordo y matadlo, y comamos y hagamos fiesta; porque éste mi hijo muerto era, y ha revivido; se había perdido, y es hallado. Y comenzaron a regocijarse» (Lucas 15:22-24).

El padre lo escuchó y luego procedió a bendecirlo con una túnica, anillo, sandalias y una celebración. Puesto que hubo verdadero arrepentimiento, la restauración fue manifiesta y la bendición fue derramada como lluvia celestial.

David y Nicole Binion entonan un hermoso cántico titulado Ora por lluvia, que dice así: «Ora por lluvia, cuando tu corazón esté seco y sediento. Ora por lluvia, cuando tu vida esté nula y vacía. Ora por lluvia, cuando no sepas por qué orar. Ora por lluvia».

La lluvia desciende cuando nos humillamos y asumimos la responsabilidad por nuestros actos. Nuestros corazones secos y sedientos serán refrescados por la misericordia ilimitada y el amor del Dios a quien servimos. Cuando la lluvia comienza a caer trae consigo bendición en forma de anillo, túnica y sandalias. El anillo representa autoridad, de esta manera el padre ha restaurado su silla de autoridad para que él pueda reinar, ordenar, y decretar. La túnica representa dignidad, pues la autoridad sin dignidad ni respeto tiene poco valor. No queremos que nuestra gente se someta a nuestra autoridad por temor, sino porque nuestro testimonio y nuestro carácter sostienen consigo una túnica de dignidad. El calzado indica dirección. Por lo tanto, autoridad y dignidad deben ser acompañadas con dirección, y podremos tener así un propósito con sentido en nuestras vidas, un destino y una visión en la cual caminamos.

Pero no todos están celebrando el retorno del hijo perdido. Hay otro pródigo en la historia, uno que nunca ha dejado la casa, pero que estaba tan perdido como su hermano, y además, enojado.

«Y su hijo mayor estaba en el campo; y cuando vino, y llegó cerca de la casa, oyó la música y las danzas; y llamando a uno de los criados, le preguntó qué era aquello. Él le dijo: Tu hermano ha venido; y tu padre ha

hecho matar el becerro gordo, por haberle recibido bueno y sano. Entonces se enojó, y no quería entrar...» (Lucas 15:25-28).

En lugar de alegrarse de que su hermano estuviera vivo, el hermano mayor se enojó porque no sólo había malgastado su herencia, sino que sus acciones habían puesto en peligro el sustento de una comunidad entera. Las riquezas del padre no sólo ayudaban a sus hijos, sino que sostenían toda la villa.

Un gran daño había sido hecho. El recurso de supervivencia fue amenazado por la necedad de un joven. Cuando un hijo deja el hogar causa confusión y dolor, la gente comienza a cuestionar, y la división lentamente se va infiltrando. El padre es visto como alguien que ha perdido su unción, pues pareciera que no pudo gobernar ni su propia casa.

Pero lo que me sorprende es cuánto tiempo el hermano está resentido. Digo esto porque el menor se había ido por un largo tiempo, y sin embargo él actúa como si hubiese sido ayer. Su actitud es tan mala que rehúsa entrar a la fiesta a ver a su hermano.

Suena como muchos en la iglesia que, en lugar de alegrarse de que el hijo perdido ha regresado, se enojan por la inseguridad de no tener identidad propia. Ellos temen perder el lugar que ahora ocupan en la familia, y como consecuencia continúan resentidos y demandan justicia en lugar de misericordia.

Finalmente el padre sale, y el hijo mayor explota en un arranque de furia revelando con palabras lo que había en su corazón: «*He aquí, tantos años te sirvo, no habiéndote desobedecido jamás, y nunca me has dado ni un cabrito para gozarme con mis amigos*» (Lucas 15:29).

En su mente, el hermano mayor pensaba que era esclavo. En otras palabras, se vio a sí mismo esclavizado a su padre y no como hijo. Y era muy legalista en su relación, a tal grado que nunca desobedeció sus órdenes.

Esta actitud me recuerda la de muchos en la iglesia actual: No pueden usar maquillaje porque es pecado; no pueden vestir pantalones porque es pecado; no pueden ni ver a través de la ventana porque es pecado; todo les es pecado, y no pueden disfrutar de las bendiciones del padre (como una fiesta) por esa mentalidad cerrada. Y sin embargo, mira la respuesta del padre en el verso 31: *«Hijo, tú siempre estás conmigo, y todas mis cosas son tuyas»*. Observa cómo las primeras palabras que salen de la boca del padre son «hijo». Cuando tú no sabes quién eres, no sabes a dónde vas; y si no sabes a dónde vas, no puedes caminar hacia tu destino.

Mi conclusión de todo esto es: «Ni el hermano menor ni el mayor entendieron su legado o su posición de hijos, vivieron todos esos años con su padre ¡y nunca lo conocieron!. Tan cerca, y sin embargo tan lejos. Oro para que esto no sea lo mismo en nosotros».

Capítulo 3
De mis heridas

«Mas él herido fue por nuestras rebeliones, molido por nuestros pecados; el castigo de nuestra paz fue sobre él, y por su llaga fuimos nosotros curados» (Isaías 53:5).

He llegado a entender que no importa cuánto ames a alguien, eventualmente lo herirás. La naturaleza humana es tal que constantemente nos lastimamos, sólo por el hecho de que somos imperfectos, gente caída.

En esta vida somos heridos por amigos y enemigos por igual, sin embargo, las heridas más dolorosas son aquellas causadas por quienes amamos y en quienes confiamos. Un hijo siente el rechazo de un padre, un padre siente el aguijón cuando su hijo no cree más en él. Podríamos señalar y culpar a cualquiera, pues todos hemos herido a alguien en el curso de nuestra jornada. Pero pienso que lo que más irrita a la mayoría de las personas es el no haber recibido justicia por la herida que han sufrido. Ellos son como Abel, cuya sangre clamó por justicia (Génesis 4:9 -10).

43

A pesar de ello, creo que Dios tiene un propósito para todo esto, pues él toma el fruto de la naturaleza humana y saca de ello algo maravilloso para su gloria. De mis heridas y de mi dolor Dios sacó algo glorioso. Piénsalo por un momento: Cuando Dios toca lo más profundo de tu alma, de tu dolor, de tu sufrimiento y de tus lágrimas, extrae de allí grandeza. La gente carnal no entiende esto pues vive en la carne y por las fuerzas de su alma. Simplemente no entienden que son espíritus que viven en un cuerpo que tiene alma.

Por lo tanto, siempre están buscando lo que completará su vida. Te pasan de lado para poder alcanzar aquello que creen que los ha de llenar, ese contacto, ese trabajo o tal ministerio. El éxito es medido en lo que es tangible o alcanzable en la carne, y no necesariamente la senda escogida por Dios. Por lo tanto terminan frustrados y miserables, pues nunca caminan en la perfecta voluntad de Dios sino solamente en la voluntad permisible de él. Por otra parte, el hombre que vive por las fuerzas del alma caminará contigo hasta que sus sentimientos sean heridos. Él no puede percibir que su destino incluye un valle de tinieblas; está en calma con una teología que no está equilibrada, pues cree en la bendición de Dios pero se rehúsa a aceptar los sufrimientos de la cruz.

Se siente bien con la prédica del evangelio que relata cómo Dios libertó a Pedro de la prisión, pero olvida la muerte de Jacobo en el mismo capítulo (Hechos 12:1-11).

Por tanto es incapaz de sanarse las heridas internas, y éstas se vuelven amargas. No perdona, y termina condenándose a sí mismo a una vida de decepción por la incapacidad de ver más allá de su dolor.

Estas personas heridas terminan hiriendo a otros, y si están en el ministerio destruyen su propia semilla, pues producen una generación de renuevos tan abusivos como ellos y aún peor.

Por lo tanto es difícil comprender cómo Dios puede producir algo bueno como resultado de nuestras heridas, pues no veo nada bueno en nuestro sufrimiento con mi mente natural. No puedo entender por qué él permitiría que alguien me hiriera o que él mismo lo hiciera.

Yo sé que soy un espíritu, pero debo batallar contra esta carne, y mi alma me tira todos los días de mi vida. Mi dolor y mi herida parecen justificar mis emociones y abren la puerta para que yo me rinda. La razón me dice que no es justo: ¿Por qué yo?; ¿por qué ahora?; ¿por qué vivir en un mundo que disfruta hiriendo y lastimando gente?

Pero permíteme comentar algo que he aprendido: Adán fue herido por Dios (Génesis 2:21), y de su herida sacó a Eva, la madre de toda la raza humana. Él tomó una costilla y cerró la carne en su lugar e hizo una mujer. Quizás me hiera, pero también me sanará. Él es mi Sanador, restaurador de mi fe. En él confiaré aunque me muera.

Jesús fue herido, golpeado y castigado. Sin embargo, ¡el resultado de sus heridas fue la salvación para toda la humanidad! Soy salvo por las heridas que sufrió Jesús. Dios el Padre sacó de ese cuerpo herido el milagro de la vida eterna. Porque él murió, yo puedo vivir de nuevo.

La sangre de Abel clamó por justicia, pero la sangre de Jesús por misericordia: «Padre, perdónalos…». La justicia demanda, pero la misericordia dice «¡NO!». De mis heridas, Dios el Padre saca algo glorioso.

He sido profundamente herido. Mi madre murió cuando yo tenía 8 años de edad, viví en las calles de Nueva York, fui abusado, cambiaba de un hogar temporal a otro, mi primer matrimonio terminó en divorcio y he sido traicionado en la iglesia por aquellos que se sentaron a mi lado e hicieron pacto conmigo.

A pesar de esto, si observas de cerca este vaso verás marcas de las heridas que he sufrido, y entenderás que Dios nunca usa vasos perfectos sino los que han sido lavados y limpiados por su sangre preciosa. Vasos que son sostenidos por su incomparable amor y usados por su misericordia y gracia. Verdaderamente somos vasos quebrantados que permiten que Dios los use para su honor y para su gloria.

Escuché a un predicador decir: «Dios ha establecido gente para maltratarte, para sacar eso de ti, porque tú nunca te hubieras ofrecido voluntariamente para tal tratamiento. Por lo tanto, Dios pone una espina junto a ti para extraer grandeza».

Si escuchas algunas de las canciones más grandes que jamás se hayan escrito, te darás cuenta de que salieron de las heridas de la gente. Tú no puedes escribir canciones como ellos, a menos que hayas pasado por algo. Ellos tomaron su dolor y cantaron un cántico nuevo.

Puedo ver a Pablo y a Silas en aquella prisión, golpeados, heridos y con dolor. Ellos tenían toda la razón del mundo para estar amargados y molestos. Pudieron haber dicho: «No necesitamos esto. Vamos a olvidarnos de este Evangelio y de este Dios que permite que terminemos en este infierno».

Sin embargo, ellos cantaron (Hechos 16:25). Cantaron hasta que el infierno no pudo resistirlo más, hasta que el suelo bajo sus pies se estremeció, hasta que el guarda de la prisión cayó a sus pies y dijo: «¿Qué debo hacer para ser salvo?».

Yo te digo hoy: ¡CANTA! Canta, a pesar del hecho de que estés pasando por el mismo infierno. Canta para que el diablo sepa que no te darás por vencido. De nuevo te digo, en el nombre de Cristo: ¡CANTA!

Dios no permitirá que alguien te lastime, abuse y te hiera; pero si se lo permite, él cambiará lo que te rodea y sacará de ti cosas que nunca imaginaste que tenías. Estoy hablando de cosas grandes que removerán los cielos y la tierra. Cosas tan profundas dentro de ti que sólo podrán salir a través de una herida en tu ser.

El noventa por ciento de nosotros se llena de enojo y de amargura por no entender con claridad que todo tiene un propósito. ¡Nunca permitas que la confusión te distraiga, Dios tiene todo bajo control! Ese maestro pesado que tuviste, el jefe abusivo que preferirías ver muerto, ese insoportable padre espiritual que no te da un descanso, todos están ahí con un propósito: Sacar de ti belleza en lugar de cenizas.

De nuestras heridas, hermosos cánticos serán escritos, hermosos mensajes serán predicados, miles de vidas serán cambiadas, naciones vendrán a los pies del Maestro.

Finalmente, para que esto suceda debemos perdonar. Perdonar a nuestros hijos, padres, cónyuges y, especialmente, a nuestros hermanos en Cristo. El perdón no significa que aquellos que nos hirieron sean declarados inocentes, sino que tú estás poniendo todo en las manos de tu Dios. Significa que estás consciente de tus propios pecados y que no retienes tu estado de víctima. Perdonemos para que de nuestras heridas, Dios Padre pueda sacar algo grandioso para su gloria y honra.

Capítulo 4
Modesto nieves,
mi padre espiritual

A pesar de que he sido bendecido al tener muchos verdaderos hombres cristianos que han hablado a mi vida, considero al difunto Modesto Nieves mi padre espiritual.

Su fortaleza fue un pilar de fuerza y determinación que pocos podrían igualar. Su fervor y su pasión cautivaron a todos aquellos que se pararon junto a él. Y siempre estaré orgulloso de llamarlo mi padre.

Modesto no fue un hombre instruido, solamente terminó cuarto grado. Sin embargo, conocía acerca de Dios y de la vida con él de tal manera que te maravillabas. A cualquier hora se aparecía en nuestro hogar y nos retaba a dejarlo todo por los propósitos de Dios. Él fue un pastor único que creía que los propósitos de Dios estaban basados en tres cosas simples: Oración, ayuno, y lectura de la Palabra.

Cada vez que queríamos hacer algo en la iglesia, como predicar, cantar o enseñar, nos pedía que nos levantásemos los pantalones al nivel de la rodilla. Él quería ver si teníamos callos; si no, nos decía que no deberíamos ni siquiera considerarnos dignos de pararnos detrás del púlpito.

La oración era la clave de su ministerio, y exigía a todos los que estuvieran asociados a él que tuvieran una vida de oración. Empezando conmigo mismo, no he podido enseñorearme de las horas diarias de oración que él nos demostraba a todos.

Modesto era un hombre alto, rudo y muy intimidante. Era como un general que daba órdenes y esperaba que fueran cumplidas ayer. Tú no lo cuestionabas, sino obedecías, y si tenías problema con eso, que Dios te ayude.

Fue un pastor chapado a la antigua, que predicaba contra el pecado y te confrontaba, si era necesario, delante de todo el mundo. Él te llamaba en medio de la predicación y te exhortaba por no vivir una vida cristiana.

Además de eso, era bien legalista, y parecía que todo lo que hacíamos era pecado. Nosotros predicábamos en contra de la televisión, los deportes, el cabello largo, las mujeres que usaban pantalones, etc. No sé cuántos guantes de pelota nos quitó o cuántos aparatos de televisión quebramos, pero sé que eran muchos. Y todo lo hicimos en el nombre de Jesús. Solíamos decir que comparada con las doctrinas de Modesto, la gran tribulación parecería una luna de miel.

Y es que Modesto era un hombre con una misión: La de destruir todo lo que él creía que era pecado; y nosotros éramos sus soldados de a pie, que marchábamos hacia la batalla con señales y maravillas delante de nosotros. Quizás te preguntes cómo era eso posible, pero puedo asegurarte que en la mayoría de nuestros servicios el poder de Dios se manifestaba con increíbles señales y prodigios: Paralíticos se levantaban y caminaban, ciegos eran sanados instantáneamente, y los pecadores corrían al altar para aceptar a Jesucristo como su Salvador. Nuestra iglesia tenía seis servicios a la semana, y cada uno de ellos estaba saturado. Este hombre con poca educación tenía una pasión por Dios tan fuerte que a los mismos cielos no les quedaba otra opción que responder.

Sin embargo, a pesar de todo esto, mi pastor enfrentó muchos grandes retos en su vida porque él era un hombre controvertido, con una personalidad muy fuerte que naturalmente provocaba a la gente.

Un domingo por la mañana, mientras terminábamos el programa de Escuela Dominical, el pastor pasó al frente para dar los anuncios finales. Mientras hablaba, se dio cuenta de que cierta líder de la iglesia no había asistido esa mañana. Cuando el preguntó, le dijeron que estaba enferma.

Inmediatamente pidió que algunas hermanas fueran a visitarla tan pronto terminara el servicio, pero nadie levantó su mano para ir. Entonces preguntó a la congregación una vez más si alguien voluntariamente iría, y dijo que si nadie lo hacía, él asignaría algunas damas para que fueran. Y cuando nadie respondió a su último intento, seleccionó a tres hermanas para que fueran inmediatamente después del servicio a visitar a la hermana enferma.

El esposo de una de las tres damas se levantó y dijo en alta voz: «Mi esposa no va a visitar a nadie, tenemos que ir a un almuerzo, y ella no va». Mi pastor lo miró y dijo:

«Todo lo que piensas es en comer, en lugar de pensar en una vida en necesidad». No solamente tu esposa irá, sino que tú la vas a llevar. Ahora siéntate y cállate.

La congregación guardó silencio. Podrías haber escuchado un alfiler caerse, y el pobre hombre no dijo nada, se sentó calladito. No creo que hubiera podido rechazar a mi pastor, pues además del hecho de que él era el pastor, medía seis pies y pesaba doscientas veinticinco libras de sólidos músculos. Y para nosotros, los puertorriqueños, eso era grande.

Y además, como otras cosas, su físico creó gran alarma entre la congregación. Muchas veces él fue perseguido y mal interpretado. Con toda seguridad no hizo muchos amigos con este tipo de actitudes, y a menudo usó métodos que hoy en día harían que la iglesia se dividiera en cuestión de segundos. Sin embargo, Dios siempre lo defendió, a pesar de sus limitaciones.

Yo viví en el sótano de su casa y vi cosas que el promedio de miembros de la iglesia no verían. Esto hizo que lo amara y lo respetara aun más, mientras lo escuchaba clamar en oración por la misma gente a quien él le acababa de gritar. Lo vi dar de su propio dinero, silenciosamente, al necesitado. Lo vi alimentar a un sinnúmero de hermanos que después lo maldijeron y hablaron mal de él.

Modesto estaba lejos de ser perfecto, pero fue un hombre que amó al Señor y dio todo por el Reino de Dios. Nos enseñó a ser personas de integridad y de carácter, y a vivir y morir por el Evangelio.

He aquí un hombre que vivió por la simplicidad del Evangelio, facultado para hacer milagros y prodigios. Fue un ministro legalista, lleno de toda clase de fallas y limitaciones humanas, pero fue el padre espiritual que constantemente me confrontó, corrigió e impulsó hacia mi destino.

Muchas veces nos enojamos con él y discutimos la idea de irnos a otro lugar, pero nos sentimos conectados a este hombre de Dios de una manera sobrenatural. Puedo decir que, extrañamente, nosotros lo necesitábamos a él tanto como él a nosotros.

Mi punto no es decir que él debió tener una mejor educación o que estaba atado al legalismo, y que quizás nunca debió ser pastor. Mi punto es que, a pesar de todos sus errores y maneras seguía siendo el ungido de Dios, y nosotros no teníamos espacio para una rebelión.

Dios nos había conectado divinamente a este Elías que nos enfrentaría, nos confrontaría con el pecado, nos cortaría la cabeza, y después alabaría a Dios por ello. ¿Quién en la tierra querría estar bajo ese tipo de ministerio?

Pero la verdad era que en ese tiempo y en esa área de Puerto Rico ese tipo de hombre era necesario. La iglesia había pasado por nueve pastores en tres años, antes que él llegara. En la comunidad hubo gente que había sufrido muertes violentas. La policía tenía miedo de entrar en el área, y la iglesia era rechazada y perseguida. Dios, en su soberana sabiduría nos envió a Modesto Nieves con todo su equipaje, y él cambió nuestros destinos para siempre.

Un sinnúmero de pastores, evangelistas y misioneros salieron de nuestra iglesia. Miles y miles de vidas han sido cambiadas y ganadas para el Señor por causa de ese hombre. Entendimos que por una razón Dios nos había conectado, y no podíamos separarnos. Corrimos, y al final alcanzamos nuestro destino… por causa de un padre que se resistió a rendirse.

Como su hijo, decidí hace mucho tiempo tomar lo bueno y dejar lo malo. Vi su humanidad, sus fallas y, aun así, creí en él. Me eduqué a mí mismo y me volví un pastor y evangelista Internacional. Viajé por el mundo, escribí libros, di a luz muchos hijos. Sin embargo, mi corazón siempre regresa a mi padre, a la isla de Puerto Rico.

Muchos años más tarde lo volví a ver, después de una gran Cruzada Evangelística. Él estaba en sus setenta, viviendo en una pequeña casa, en las afueras de una ciudad principal de Puerto Rico. Me abrazó, y con lágrimas rodando por sus mejillas sostuvo mi rostro y me dijo cuán orgulloso estaba de mí. Lo que él no sabía es que yo estaba mucho más orgulloso de él.

Hoy camino con su manto. Confronto y reto a la iglesia para que se levante y cumpla su destino, lucho contra los espíritus políticos y religiosos que existen en nuestras congregaciones y motivo a mis hijos a caminar en integridad. Y, de vez en cuando, me siento a pensar en aquel hombre que impartió tanto en mí.

El murió a los 83 años, sentado en su silla mecedora, con visiones sobre la venida del Señor. Esa fue la vida de Modesto Nieves, un hombre controvertido e increíble que, casualmente, fue mi padre espiritual.

Capítulo 5
Confianza quebrantada

Una víctima joven le hablaba al juez del condado de Baltimore, mientras la multitud en la sala de la corte la observaba. «No había nadie más en la tierra en quien yo confiara como en él…. Perdí a mi mejor amigo, perdí a la persona en quien yo confiaba».

Una madre de otra víctima dijo que inicialmente no quería creer en los alegatos de su hija adolescente, cuando ésta le decía que el pastor, a quien ella consideraba una figura paterna, la hubiese molestado sexualmente. Todavía otra madre, con lágrimas en sus ojos, dijo: «No puedo ir a otra iglesia, no puedo confiar en otro pastor… no confío en nadie».

«Si alguna vez hubo un falso profeta, esta sentado ahí», dijo el juez, quien entonces sentenció al pastor a ocho años de prisión. No importó que se declarara culpable o que hubiera sido hallado culpable en otro caso similar. Lo que más importaba era que él, el padre espiritual para muchos, había quebrantado la confianza que ellos le tenían, y además había destrozado su fe en él y en Dios.

Y lo que es más alarmante, esto sucede a menudo en el cuerpo de Cristo: Hijos que son usados y abusados, y después echados a un lado como si fueran objetos, por aquellos que han sido llamados para serles mentores y para protegerlos.

Pareciera que muchos pastores hoy en día ven el ministerio como un trabajo corporativo, y piensan que ellos son los ejecutivos principales. No se ven así mismos como padres espirituales, y por lo tanto utilizan a la gente para sus deseos o para su propio beneficio, y una vez que alcanzan lo que se propusieron echan a sus hijos a un lado como si no fueran más que un objeto de su propiedad.

Para ellos el ministerio es un negocio. No tienen tiempo para errores, y los miembros de la iglesia deben producir o ser reemplazados. Los líderes están uno en contra del otro, mientras intentan superarse entre ellos. Todo lo que sucede desde el púlpito hasta las bodegas es competencia. Se formulan alianzas políticas y la manipulación va al frente, mientras cada uno trata de complacer al ejecutivo principal en lugar de a aquel que murió en la cruz.

La gente es agotada y luego reemplazada como si fuera una bombilla de luz. El liderazgo padece estrés hasta el límite, mientras la gente trata de tocar el borde de su túnica sin poder lograrlo. Nadie puede poner un dedo sobre él, pero todos saben que algo no está bien. Si te dejas llevar por las apariencias todo parece grandioso: El coro, la prédica espectacular, las sonrisas simplemente perfectas. Pero si puedes percibir, si puedes ver más allá de la superficie, entenderás que la iglesia jamás fue diseñada para ser dirigida como una compañía. Es una familia, la familia de Dios.

En otras ocasiones he encontrado pastores que se jactan diciendo: «En toda guerra hay eventualidades, y de esa misma manera debe ser en la iglesia». Estos son generales que dirigen al ejército a una guerra y aceptan la realidad de perder algunos guerreros. En el proceso ellos se separan a sí mismos de cualquier sentimiento hacia sus miembros.

El único problema para mí es que esos guerreros son mis hijos, a quienes di a luz y todavía amo. Quizás tenga un Absalón en mi casa, pero sigue siendo mi hijo. Sin embargo, para estos «generales», compasión y misericordia no tienen lugar en el campo de batalla. No tienen tiempo de vendar el corazón quebrantado o de dar una palabra de aliento. El que es débil debe ser confrontado y reemplazado. Y al final quizás ganes la batalla, pero perdiste la guerra.

Porque nuestra prioridad, si es propiamente comprendida, no es destruir al enemigo (puesto que Jesús ya cumplió con esto en la cruz) sino buscar a Dios con todo nuestro corazón y amarnos los unos a los otros, como él nos amó, de acuerdo con Jesús y con su Nuevo Pacto.

Otros pastores son como los contratistas que están construyendo y apresurando esta gran visión que requiere material en exceso. La gente es usada como el contratista usa un poste para sostener o levantar algo. Después que el cemento se seca, son echados a un lado y dejados ahí hasta que otra necesidad se presente. Esta gente se siente usada en el ministerio, pues pareciera que solo son buenos cuando se puede sacar algo de ellos. Eventualmente se vuelven resentidos y amargados, trayendo con ellos división y conflicto.

Posteriormente, por supuesto, están aquellos que ni siquiera debieran estar pastoreando, están en ministerio para sí mismos y no para cuidar de aquellos a quienes hieren en su ansiedad de cumplir con sus propios planes. Estos son los que buscan fama y fortuna, que desean el aplauso y las alabanzas de los hombres, que toman tu dinero y tu confianza, y explotan a la gente en el nombre de Jesús tan solo para exaltarse a sí mismos por sobre los demás.

De éstos corre y aléjate, porque te destruirán a ti y a tu familia. Te digo esto: A cualquier predicador que habla de sí mismo y de lo que ha hecho se lo tiene que mirar con cuidado. El predicador moderno siempre está hablando de sí mismo, los anteriores pasaron el tiempo hablando de quién era Jesús. El orgullo es el enemigo de la cruz, nunca sirve, nunca tiene tiempo de ser realista, solo tiene tiempo para sí mismo.

Finalmente está el pastor que está aprendiendo cómo ser mentor y amar a sus hijos. A menudo comete errores y sufre en silencio. Conoce demasiado bien sus limitaciones y se queda hasta tarde en la noche clamando al Señor, pidiéndole sabiduría en lugar de prosperidad. No hay un manual de cómo ser un buen padre, así que lo intenta una y otra vez. Lo que funciona para un padre no funciona para el otro. Deben depender del Señor, y constantemente recordarse a sí mismos su misericordia y su dependencia de él. Finalmente, deben encontrar la fuerza para iniciar el proceso con otra vida.

Años de frustración conlleva el camino de testimonios de aquellos que han sido primogénitos: «Tú salvaste mi vida, soy lo que soy gracias a ti». Estas palabras confortan a aquellos que dan y aman como lo hizo Jesús. No son perfectos, y de hecho puedo garantizarte que lo arruinaron todo en algún punto del camino, pero al final se vuelven lo que ellos debían volverse: Padres, y no ejecutivos principales o generales, ni contratistas o súper estrellas. Nuestro Padre Celestial nos dio padres que nos cuiden, pues lo que más le preocupa a él es la familia, y no cuán famosos somos o cuán grande es nuestra casa, ni siquiera cuánto ministerio hacemos. Lo que más le importa a nuestro Padre que está en los cielos son sus hijos.

Pero ¿qué hacemos cuando nuestros padres fallan? ¿Cuando caen en pecado, y la confianza que hemos puesto en ellos es quebrantada? La herida y el dolor son tan profundos que te sientes adormecido y confundido. Te sientes violado y abusado por alguien en quien habías puesto tu vida. Tomaron tu inocencia, tu fe en ellos y en Dios, y la destrozaron. Ira y rencor son liberados hacia los padres que no vivieron lo que predicaban, y jugaron el papel de hipócritas hasta que fueron descubiertos.

¿Cómo pudo subirse al púlpito y predicar contra la inmoralidad, cuando él mismo era un inmoral? ¿Cómo podía exigir una ofrenda de sacrificio, cuando estaba robando mi dinero? Pregunta tras pregunta se levantan en nuestros corazones. Si la sanidad no llega nos volvemos amargados, perdemos el respeto por el ministerio al cual hemos sido llamados.

De hecho, algunos hijos se condenan a sí mismos repitiendo el mismo pecado que sus padres cometieron. Se vuelve una maldición generacional, donde el hijo cae en la misma trampa que el padre.

A pesar de ello he aprendido una lección muy valiosa de David, cuando su padre Saúl cae, no solamente en pecado, sino que llega hasta su propia muerte.

«Entonces David, asiendo de sus vestidos, los rasgó, y lo mismo hicieron los hombres que estaban con Él. Y lloraron y lamentaron y ayunaron hasta la noche, por Saúl y por Jonatán su hijo, por el pueblo de Jehová y por la casa de Israel, porque habían caído a filo de espada. Y David dijo a aquel joven que le había traído las nuevas: ¿De dónde eres tú? Y él respondió: Yo soy hijo de un extranjero, amalecita. Y le dijo David: ¿Cómo no tuviste temor de extender tu mano para matar al ungido de Jehová? Entonces llamó David a uno de sus hombres y le dijo: Vé y mátalo. Y él lo hirió, y murió. Y David dijo: Tu sangre sea sobre tu cabeza, pues tu misma boca atestiguó contra ti, diciendo: Yo maté al ungido de Jehová» (2 Samuel 1:11-16).

Lo primero que David hizo por su padre fue *llorar*. Lloró por el hombre que amó, a pesar de que éste había caído profundamente en pecado, y de que aun en muchas ocasiones había tratado de matarlo. En lugar de alegrarse de que finalmente estuviera muerto, David lloró por su padre.

Lo segundo que él hizo fue *ayunar y orar*. Nada sana el corazón más rápido que el ayuno y la oración. Es la medicina que penetra tan profundo en el alma que te permite liberar aquello que te ha tenido tan oprimido por tanto tiempo.

Finalmente, *mató* a quien creía que había hecho un bien. El joven que trae la llamada «BUENA NOTICIA» de que el rey había muerto está por morir por sus propias palabras. Él confesó haber matado al ungido de Jehová. No tenía derecho de hacerlo, como tampoco nosotros. Quizás me respondas diciendo: «¡Yo nunca mataría al ungido de Jehová!», pero te digo que lo hacemos todos los días. Lo matamos con nuestras palabras, diciendo a todos lo que sabemos que él hizo, cómo lo hizo y la desgracia que es para el ministerio. Nos aseguramos de que nunca sea restaurado y exigimos su cabeza en una bandeja. Aquel joven buscó la muerte porque no entendió que el único verdadero juez es el Señor mismo. Él no tenía temor de Dios, ni respeto ni entendimiento de que Dios está en control y de que defenderá lo suyo. Él no entendió que el padre espiritual tendrá que dar cuenta de sus acciones ante el Padre Celestial.

«ESCUCHA, NADIE SE LIBRA DE JUICIO EN ESTA VIDA». EL amor todo lo sufre. Los hijos no son llamados para disciplinar a sus padres. Para ello tenemos obispos y pastores que han sido establecidos en aquellas oficinas para disciplinar, confrontar y corregir. Nuestro trabajo es clamar, orar y ayunar, y matar cualquier palabra que no edifique al cuerpo de Cristo.

Oro para que este libro te haya ayudado de alguna manera. No pretendo responder a todas las preguntas ni declaro tener todas las respuestas. Solo sé que para que yo pueda cumplir mi llamado necesito *EL MANTO DE MI PADRE*.

Restauración y sanidad traerán nuevamente unción a la iglesia. Levántate, ve a casa y encuentra a tu padre.

INFORMACIÓN SOBRE EL MINISTERIO

EL ministerio de Ángel L. Núñez es bilingüe. Busca traer unidad y sanidad al cuerpo de Cristo. Es nuestra visión ayudar a pastores y líderes a cumplir con la visión que el Señor les ha dado a través de conferencias, pactos con otros ministros y materiales educativos. Tenemos una colección de más de cien enseñanzas y prédicas grabadas en inglés y en español, para beneficio de la mayoría en el cuerpo de Cristo.

El doctor Núñez ha escrito otros libros titulados: Quiero vivir de nuevo, Cómo alcanzar tu visión y El indio latino habla.

Él y su esposa Deborah tienen una producción musical de Adoración y Alabanza titulada Divino Amor. También viajan alrededor del mundo predicando el evangelio y retando a la iglesia a levantarse y a cumplir su destino.

Para información sobre el ministerio, contacte:

Ángel Núñez Ministries

6000 Erdman Ave

Baltimore MD 21205

Tel: (410) 483-0100 o (410) 483-0197

Correo Electrónico: Spanishch@aol.com

Página WEB: www.1bccb.com